가장 어렵게 쓰여진 詩

가장 어렵게 쓰여진 詩

박명용 시집

개미

| 발간사 |

사류(四流)란 대체로 문장 밖에서 사실을 이끌어와 그 비슷한 뜻으로 옛 일을 인용하여 지금의 일을 인증하는 것이라고 '문심조룡사류'에서 말하고 있습니다. 2017년 현재는 2010년~2017년을 반추하고 있습니다.

2014~2017년 상반기 재)한국출판문화산업진흥원에서 주최 주관하는 세종도서문학나눔에 그동안 전문예술단체 〈장애인인식개선오늘〉에서 지원한 작가들이 출간한 시집 총 여섯 권이 선정되었습니다.

총 43종 51,000권의 책과 127명의 작가를 배출했습니다. 또 이들의 시편 중에서 빼어난 작품을 골라 2016년~17년 현재 30편이 넘는 작품을 8명의 전문작곡가들에게 의뢰해 제작하였습니다. 이미 제작된 작품 중 초연, 재연이 된 것도 있습니다.

그에 따른 칭찬으로 2015년 한국장애인문화예술대상 문학부문에 문화체육관광부 장관 표창을 받았고, 2016년 재)예술경영지원센터에서 우수법인단체로 인증을 받았습니다. 뿐만 아니라 대전광역시 문화예술진흥조례에 전문예술법인단체 보조금지원 근거법에 장애인예술단체도 삽입하였습니다. '장애인'과 '문화'의 이원화된 편견을 일원화시킨 노력이 결실을 보았고, 장애인단체인 장애인인식개선오늘로부터 출발한 장애인창작활동지원사업이 대전문화재단의 공모사업으로 편입되었습니다. 이는 민간단체가 사업을 공공의 기능성 사업으로 편입된 좋은 사례가 될 것입니다.

지자체와 민간단체와의 사회적 함의를 통한 제도적 지원과 단체의 노력을 통한 결실이 전국에 최초의 모범적 사례로 알려지게 되었습니다. 올해도 마찬가지로 운영비 없이 보조금으로 진행하는 힘든 고행을 견디고 1권의 수필과 2권의 시집 그동안 우수도서로 선정된 작가와 참여작가 중 좋은 작품을 보내온 공동시집까지 총 4종의 책 4,000권을 발간하게 되었습니다.

이와 같은 노력으로 내년에는 전국의 장애인 예술인들을 초대하여 '소통의 계기'를 마련하는 전국장애인창작활동 발표 및 향유의 사회적 함의를 이끌어낸 원년으로

삼고자 매진하고 있습니다. 이미 대전광역시의 이러한 노력은 '장애인문화운동의 허브'로 브랜드화가 진행된 '콘텐츠의 산실'로 주목받고 있습니다.

이에 2017년 선정작가 및 참여작가 한 분 한 분의 옥고가 소중했습니다. 뿐만 아니라 많은 이사들, 운영위원들, 박지영 사무처장을 비롯해 홍보이사들 그리고 단국대학교 박덕규 교수님, 개미출판사 정화숙 대표와 최대순 시인께 진심으로 감사드립니다.

늘 도전하며 겸손한 삶으로 견디며 목적지까지 갈 수 있도록 후원해 주신 기업과 관심을 가져준 많은 기업 대표들께 진심으로 감사드립니다.

2017년 12월
장애인인식개선 오늘
대표 박재홍

| 머리말 |

『가장 어렵게 쓰여진 詩』를 쓰고 나서 떠오른 것은 '쥐파먹은 까까머리 초라한 옷차림의 촌스러운 코흘리개 시절 사진을 50대 이상 된 사람들은 누구나 하나쯤은 가지고 있을 것이다' 라고 생각이 들었다.

'첫 시집을 상재한 모든 시인들은 민망하고 부끄러워서 사람들에게 보여주진 못하면서 그렇다고 코푼 휴지처럼 아무렇지도 않게 쓰레기통에 버리지도 못하는 어색함이 감돌 것이다' 라고 서툰 위로를 해본다.

나에게 시는 몇 년이 지나도 한번을 들추어 보지 않는 낡은 엘범처럼 끼워 넣고 어디엔가 쳐박아 둔 그런 빛바랜 사진 한 장 같은 기억의 비늘쯤으로 여겨도 될 것 같다.

책으로 되어 나오면 촌스럽고 부끄러워 남들에게 보여

주지도 못하는 사진처럼 버리지도 못하고 갖고 있는 것은 부끄러울 만큼 촌스러울 수도 있지만 나에게는 작렬한 전쟁터에 전사한 용감한 군인처럼 몸을 던진 그 시절 그 모습을 담은 몇 안 되는 사진처럼 소중하기에 지금 이렇게 작가의 말을 적고 있다.

그러한 마음으로 『세상에서 가장 어렵게 쓰여진 詩』를 내어놓고자 한다. 내 삶의 초라한 결과물, 그것들을 이제 세상에 조심스럽게 펴 보이려 한다. 짧지 않은 시간을 그 허망한 꿈에 매달려 써놓은 글들이었지만, 나는 시인이라 불릴만한 사람이 못된다고 생각하고 살아왔지만 재능보다 심성을 아끼시는 분들께서 심사하여 선정 지원하겠거니 하고 작가의 말을 쓰게 되었다.

박재홍 대표님과 박지영 편집장님의 '시를 놓지 말라'는 애정 어린 권유가 한 권의 책으로 나오기까지 몇 해가 되었다. 시집을 낸다고 생각하니 자기 일처럼 기뻐하며 환하게 웃어줄 몇몇 사람들의 얼굴이 떠오른다. 우선 나의 하나님과 어머니께서 정말 기뻐하실 것이다. 장애가 있지만 묵묵히 세상을 살아가는 아들의 또 하나의 삶의 부산물인 시집을 만나면 자기 일처럼 기뻐해 주실 것이다.

다음으로는 세상으로부터 가피를 입은 장애인을 자식으로 둔 부모는 아주 작은 변화, 하찮은 결과라도 눈물나게 고마운 것이기 때문이다. 그리고 일일이 호명할 수조차 없이 많은 지인과 친구들 그들과 나눌 또 하나의 추억거리가 생겼으니 자신들이 더 자랑스러워하며 모두 기뻐하며 즐거워해 줄 것이다. 시집이라는 내 삶의 결과물이 세간의 평가에 상관없이 시를 읽는 이들에게도 즐거움이 되었으면 좋겠다.

2017년 12월
박명용

가장 어렵게 쓰여진 詩
차례

제1부

제2부

제3부

제4부

해설

제1부

휠체어 화가

그립니다 산도 강도 허름한 집까지도
금방 들어찹니다

꽃이 피면 꽃을 나비가 날으면 나비를
불어오는 바람까지도
곱게 담아냅니다

그 속에는 이상하게도 내가 없습니다

추하거나 아름답거나 어디에도 나는
그려지지 못합니다

그저 벙어리 그림자만 할 수 있습니다

족하다

설사가 나서 아무도 없어 방바닥을 헤매도
내가 살아갈 은혜가 된다면

오줌이 급해도 옷을 내리지 못해 그대로 싸면서
살아온 내게 주어진 은혜가 된다면

높지도 않은 계단 앞에서 힘없이 돌아서야 해도
내 등을 미는 바람에게서 은사가 있다면

내게 족하지 않은 것은 없다

서 있는 돌

돌 하나가 노을 속에서 자신의 그림자를 만들고 있다

거칠고 부드러운 면과 날카롭고 무딘 모서리
그리고 밝고 어두운 빛깔을 가진 돌이
오늘도 흙먼지를 뒤집어 쓴 채
땅 위에서 자신의 그림자를 만들고 있다

세상에서 유일한 존재임을 수없이 확인하면서
생명이 깨어날 그날까지
애써 놓인 자리를 피하려 하지 않으며
짙어가는 어둠 속에서
스스로의 그림자를 붙들고 있다

도화

노을이었다 나를 슬프게 한 것은 노을이었다

그리고,

어둠이 나를 대신하던 슬픈 몸짓을 지워갔다

꽃이여, 연분홍빛으로 춤추는 사탄의 꽃이여
조롱하며 나를 따라오는 너의 웃는 소리를
가슴에 묻힌 채 나 이제 가야 한다

시린 달빛 아래 또 다른 몸짓을 따라 눈물을 묻어야 할 곳으로
나 이제 가야 한다

꽃이여, 비수의 미소를 가진 사탄의 꽃이여
문득 고개를 돌렸다

오메가

석주 같은 사람들이 스쳐간다 오물 같은 내 옆을
소름 돋듯 예쁜 여자들이 지나간다

꿈틀! 벌레 같은 내 앞을

세상엔 나보다 많이 가진 사람이 많은 것이 지랄 같고
기껏 한 움큼도 못 쥔 사람이 많아 엿 같다

이보다 더 기막힌 일은 나보다 많이 가진 사람 중에
나보다 그분 은혜 더 받는 사람이 많고
나만큼도 못 쥔 이들 중에 하나님도
모르는 사람이 많다는 것이다

힘겨워 지겨운 이 삶 변함이 없어
오늘이 어제 같듯 내일이 오늘 같을 지라도

여여하시라 오메가여

명암

불현듯 혼자 눈뜨는 새벽이면 시간도 공간도 순간 멈추고
그 혼돈으로 꿈과 현실의 벽은 사라져

아주 잠시 그렇게 현실은 꿈이 꿈은 더 확연한 현실이 된다

삶도 그런 것이 아닐까

자고 나면 꿈인 것처럼 삶이란 것도
스스로 죽고 나면 꿈이지 않을까
욕망과 돈 명예와 건강 그리고 사랑

사랑까지도

목련

하늘이 그 빛을 산들이 그 향기를
달리하는구나

햇살의 노래가 들리고 할퀴던 바람손이
너의 속살 같구나

너 때문이냐 못 견뎌 눈이 열리고
맘은 어린 강아지 같구나

네게 입맞추고 싶어 널 안고 춤추고 싶어
아 이렇게 설레는 나를 향해 하얗게 웃어보렴

너 때문에 봄이 온 것을 알겠구나
내게도 봄이 왔구나

직립보행

홀로 걸으리라는 헛된 꿈에
오늘도 목발을 잡는 나는
나는 가련한 짐승

초겨울 차디찬 바람에도
빼앗길 수 없었던 고운 이름 "희망"

뜻도 제대로 모르는 포기란 말이 무서워
얼은 땅 긴 그림자로
오늘도 휘청 거린다

바람

이해할 수 없는 시를 읽으며 내가 사랑했던 것들을 생각해 본다

돌, 새벽 달빛, 저녁놀, 장작 냄새, 춤추는 코스모스, 가을 그리고 바람

한때 나는 바람이고 싶었다 불꽃에 넋이 하얗게 날리는 연기처럼

포옹

회색빛 낮은 하늘에서 바람이 분다

바람은 살며시 나를 안고 향기로운 꽃잎이 되어 나래를 편다
그러면 바람은 다시 아름다운 봄내음이 되어
날아오른다

달빛 차가운 새벽하늘에서 바람이 분다

바람은 살며시 나를 안고 고독한 들풀이 되어 춤을 춘다
그제서야, 바람이 들려주는 이야기를 듣는다

나비가 된 애벌레와 아름답게 살다간 꽃뱀의 이야기
그리고 달맞이꽃의 아름다운 전설도

밤길

바람 슬픈 하늘에서 이름 없는 별들이
살며시 내려와 가슴에 안긴다

우울한 가로등에 기대었던 바람은
수줍은 듯 펄럭이며 달아난다

부르면 가슴이 흔들리는 이름 따라
나도 밤새워 빈 거리를 떠돈다

뱀

남들에게 다 있는 것은 없어도
무섭게 살아가는 뱀아
그래서 너는 차가운 피와
잔인한 독을 가졌구나

불꽃 1

보라 광기어린 몸짓으로 이글대며 춤추는 우리의 초상을

밝혀야 하고 태워야 할 것이 많은 우리는
어이도 이리 너를 닮았는지

제2부

불꽃 2

진실된 사랑을 끝없는 욕망과
여명에 찬 우리의 미래를
너의 춤사위에 맡기고
이 밤 꿈으로 가득한 너의 공간을
지새워 노래하련다

빚

사람들은 내게 말하네 걸어도 걷는 값을 못하는
병신이 더 많다고 나는 스스로에게 물었다

나는 잘 보아서 장님이 아닌가? 나는 잘 들어서 귀머거리가 아닌가?
나는 잘 말해서 벙어리가 아닌가?

잘 보면 그 값을 잘 들으면 그 값을 잘 말하면 그 값을
그 값을 치러야 하는데

나는 어디가서 이 값을 치러야 하는데

나는 어디가서 이 값을 치루고
병신 아닌 정상인이 되나

월동

세상 모든 것들이 마지막을 준비하듯 치열한 겨울을 준비하는 이때
여리기만 하고 그저 아름답기만 한 두 연인을 통해
햇살 가득한 향기로운 봄을 준비케 하시니
우리에게 축복이 아닐 수 없습니다

불모의 허공을 헤매던 지친 날개의 그림자를 지우시고
그 처음 날처럼 혼자가 아닌 맞잡은 둘이 되어
겨울, 얼음 땅, 칼날 같은 바람의 날을 지나
희망을 보게 하시니 오늘 이 둘의 연합이
우리에겐 기쁨이 아닐 수 없습니다

시간이 흘러 먼 훗날 우리들의 가슴에도 진정한 봄이 찾아오게 되면
주님 당신께서 직접하셨던 일 오늘을 기억하며
우리 이렇게 고백할 것입니다

이들의 만남이 우리에게 진정 행복한 일이었노라고

아침

눈이 내린다 어쩌면
이 겨울 마지막일지도 모르는
눈이 내린다

아침에 비로 내리더니 어느새 눈이다

창밖에 모든 것은 내 마음처럼
눈에 젖어있다

악몽

꿈인 듯 깨어난 아침에 나도 모르게 네 이름을 불렀다

깊은 한숨 베개 밑에 두고 무거운 몸을 일으켜 세우니

힘겨운 눈빛에 지친 내 모습을 먼지 낀

거울 앞에서 만났다

영역

힘겨운 허공에 무게를 지고 사랑할 수 없는 절망에 기대어
존재함에 몸부림치는 촛불의 눈물을 본다

싸늘히 식은 찻잔은 기억하려는 것만큼 부담스럽고
지치지도 않는 벽시계는 빈 거리 타인의 거리로
나를 내몰리는데 가로등 그 불빛 어디에서
나는 또다시 혼자가 되는가

자살 1

종이학 백지가 곱게 접혀 만들어진 이름
흰 날개와 긴 목이 있어서 학은 아니다
다만 푸른 하늘을 꿈꾸는 버려진 이름이 나

하늘이 되고 싶어, 하늘이 생명 없는 몸을 벗고
저 하늘의 푸름 속으로 또 다른
이름이 되어 날고 싶다

자살 2

종이학은 엄격히 학이라 할 수 없다
단지 학을 담은 구겨진 종이일 뿐

죽어야 한다, 죽어야 한다의 명제의 이면
불꽃의 연기로 죽어, 하늘이
꿈꾸던 그 하늘이 되어야 한다

자화상

나는 나는 짐승이요 둘도 모자라 다리가 네 개
울어야 할 것에 울지 못하고
웃어야 할 것에 웃지 못하는
나는 짐승이요

살모사처럼 태어나 개처럼 만족하고
높이 서서는 행복한 꿈꾸다
넘어져 우는 나는 병신이요

해지고 별이 뜨면 그림자 없는 언덕에 홀로 앉아
다시는 높이 서지 않고 다시는 넘어져 울지 않도록
하나의 무덤이 되고 싶은 나는
이 세상에 슬픈 노래요

벌거벗은 허수아비

모든 것이 베어져 나간 들녘에
나는 혼자 서서 세월에 늙고
바람에 찍히며 서 있다

나의 친구는 그림자 웃을 수도 없는 몸뚱이
벌거벗은 허수아비

겨울 하늘에 서럽게 노을이 지면
눈물조차 흘릴 수 없는 눈을 미워해야 한다

오늘도 나는 빈들에 홀로 서서
바람에 찍히며 세월에 늙어가고 있다

저녁

해는 벌써 아까 졌는데 게으른 먹구름은 이제 생색낸다

흙먼지 바람으로 날리고 석양 등지고 급히 나는
허공을 가로 지르는 새

그리고,

담에 기대고 어둠으로 사라지는
나의 그림자

점박이 얼룩무늬 가시 애벌레

숨만 쉬어도 온몸이 징그럽게 꿈틀거린다. 아! 꽃피는 계절은
정말 아름답구나 잠든 것도 흉측하다

먹는 모습마저 무섭다 그래도 눈물이 힘겨운 음지에 비쳐지는
달빛은 따스하구나

처음부터 이런 모습이길 원하지 않았다 세상에 눈떠보니
이런 모습이었다 아무도 다가오려 하지 않는
가시 돋친 꿈들이

그러나 나는 느낀다 내 속에서 펼쳐지는 이 세상을 아름답게 지으신
그분이 내안에 소중히 만들어 놓은 점박이 얼룩무늬 큰 날개를

제3부

종이배

작고 맑은 냇물에 배를 접어 띄웁니다

배는 냇물을 따라 동동 떠갑니다

어느 봄날 그대를 만난
내 마음처럼

벗을 시켜 제자리에 옮겨 놓아도
다져져 제 무게를 이기지 못할 때까지

배는 냇물을 따라
동동 떠갑니다

진달래에게

내게 웃음 짓지 마라 다시는 나를 흔들리게 마라
삶 같지 않은 삶도 살아 보았다

한 계절 아름다울 때 피는 꽃이여
네가 알겠느냐 겨울을 그러니 나를 흔들지 마라

죽어도 좋은 이름인줄 알았다 무덤이 더 아름다울 것 같았다

차가워진 내 뼈에서 피가 흐르고 얼음 같던 삶에서
생명이 따스하구나

하늘은 봄인가 그러나 밤은 아직 처절한 겨울

청혼

나의 손을 잡아주십시오 평생 나의 간병인 되어 주십시오
검은 머리 파 뿌리가 되도록 지금부터 죽는 날까지
벌레의 아이를 낳아도 좋습니다

밤마다 옷을 벗고 내게 입맞추어도 좋습니다
살면서 무서워해도 좋습니다 징그러워 돌아누워도 좋습니다
냄새 난다 구박해도 좋습니다 지긋지긋해 도망쳐도 좋습니다

그러나 이것도 삶이라 가끔은 나쁘지 않은 일도 있을 겁니다

촛불

밤이 내렸습니다 촉촉하고 깨끗한 밤이
오늘 내 창에 내렸습니다

어두움은 처절한 고독이라 밤은 애달픈 그리움이 됩니다
어두움이 미워 촛불을 켰지만 창에
내린 밤은 그대로 있습니다

오늘 나는 그대가 그리워
이 밤에 촛불을 켭니다

친구

추억은 낯설은 하늘가에
저녁달로 뜨고
그리움은 실구름 되어
석양이 물이든다

친구야

주체하지 못할 젊음으로 만나
아름답게 취한 청춘을
노래하고, 가슴 부비며
여기까지 왔다

친구야

갈대꽃이 바람에 날리면
마음을 기울여라
내가 널 부르마
그러면 와서

하룻밤 편히 자고 가라
친구야

너를 위한 오늘은
하늘이 열린 날
환한 얼굴로 널 또 대하니 기쁘구나
사랑하는 친구야

하꼿길에

찐덕찐덕한 여름 아스팔트 위에
질긴 놈의 휠체어 바퀴가
헐떡거린다

그래도 삶이라 굴러가기는 하는데
백차를 탄 순경이 말을
지껄이고 간다

"야 너 왜 자꾸 나와 돌아다녀"

다음에는 개새끼라 해 주어야겠다

학

흰머리 붉은 깃을 뉘이고 긴 목 높이 쳐들어
달빛을 삼키면 별빛 되어 흐르는 한줄기 눈물
물 위에 자국을 남긴다

한숨 깊이 내셔도 쉬 씻겨가지 않는
응고된 날들의 얼굴 나지막하게 혹은,
불러보는 이름

그러나 허공 속에 되돌아오는
메아리에 슬퍼져 바람 부는 갈대숲에
머리를 쳐박고
학은 이렇게 잠이 들곤 한다

출혈

진심이 아니라 용기가 없어서 일거라고
용서하며 수없이 쓰다 지운 마음인데

질긴 욕심이 아직도 살아남아
헐떡이며 이 밤을 넘긴다

잘라내고 도려내도 배어나와 흐르는
절망스러운 통증인데
피하고 도망쳐도
끝내 발끝에 닿아 있는
검게 빨간 그리움
그래서 숨조차 버거운 인생이
그리움을 매달고 끌며
망망한 삶을 그저 살아간다

이별

어느새 네가 내게서 부담스러워질 때 이별은 그만큼 모진 고통임을 예감하게 되고 헤어짐을 준비하는 발걸음은 절박함으로 더욱 무겁다

너로 하여 상처를 입지 않으려는 비겁한 바람도 무너지고

부대꼈던 시간만큼 쓰린 상처를 남기고 떠나는 너를

나는 그저 뜨거운 호흡, 깊은 신음으로 보낸다

그 누구보다 오랜 시간을 내 안에서 성숙하여

나의 체온을 안고 어둠 속으로 떠나는

나의 일부, 나의 향기로움이여

다시는 이와 같은 고통스러운 헤어짐이 없기를 바라며

미처 이별의 아픔이 가시기도 전에

일어서 무정하게 그 자릴 떠나왔다

그저 피로 얼룩진 너의 흔적을 하얀 종이 위에 남겨 둔 채

병

우리는 모두 처음부터 외로움이란 병원인자를
몸속 깊이 가지고 태어나

그 병에 시달리며 하루하루를 살고
그 병을 앓으며 긴 밤을 지새기도 한다

노래를 부르다 울먹이는 것도 웃어주는 이에게 목메는 것도
돌인 듯 든든히 서 있다가도 못이기는 척
옆 사람에게 기대는 것도 사랑이라는 증세를 보이는 병
외로움 때문이다

아파트

겨울이면 살이 쩍쩍하고 붙는
철근으로 뼈대를 세우고
그보다 정이 더 안가는 콘크리트로
몸을 입힌 닭장 같은 아파트

마당도 텃밭도 없이
수납용 박스처럼 쌓아올린
칸칸이 16평
문을 닫고 살아도

세상 이런 곳이 또 어디에 있어
따스한 살붙이들이 모여
내일을 희망하며 살아간다

알

태어나면서 이미 다시 태어날
운명을 갖고 태어났기에
남몰래 숨쉬는 가진 것 없는
따스한 체온의 몸뚱이가 되었다

세상은 화려하게 꾸미고 시끄럽게 돌아가지만
손이 있어도 보지 못하고 귀가 있어도 아직은 말하지
못하는
이 아름다운 단조로움이여

햇살이 비춰도 아침인줄 모르고 풀벌레 소리 들려도
밤이 온 줄 모르지만 이 껍질을 깨고 나면
만날 수 있겠지 사랑스럽다 속삭이며
안고 흔들어주는 날 닮은 거대한 그를

양파

썩고 더러운 가마니 속에서
어쩌다 잊혀진 양파가
제 스스로 껍질을 벗고 있다

벗겨지는 것이 껍질이 아님을 모르고
냄새나는 것이 제 살인 줄 모르고
그렇게 눈물 나게 하는 것이
자긴 줄도 모르고

어느 날 따뜻한 손이 다가와
너무도 작아진 양파를
숨쉬고 잠들 수 있게
고운 땅에 묻고 물을 주었다

제4부

향기로운 휴식

'인생이 고해라 믿고 사는 이들에게 아니! 그것은 축복의 광야 길임을
말씀하시는 하나님 오늘 우리는 또 다른 당신의 음성을 목격합니다'

봄 햇살의 따사로움과
그 바람의 향기로움을 기억하는 나무만이
이 계절에 달콤한 열매를 맺듯
이제 이토록 아름다운 사랑이 전능하신
당신의 추억으로부터 시작됨을 압니다

가뭄, 끝없이 수만 갈래로 갈라진 절망과
뿌리까지 찢져네는 폭풍 그 무서운 악몽의 어제도
이제 다시 웃으며 살아갈 수 있는 것은
그 사랑, 당신의 추억 때문입니다

죽음의 빛이 온 세상을 덮어도 서로가 서로에게 가까워질 수 있기에

우리의 겨울은 참으로 행복할 겁니다 당신의 봄날이 그러했듯이

표류

언제부턴가 너는 날 떠받치고 있다 너로 인해 살아가고 있는 것처럼

세상의 절반은 나 세상의 반은 바다
죄여 오는 목마름에도 한 모금에 너를 마실 순 없다

넌 풍요롭고 인자해 보이지만 내겐 사막보다 잔인하다

시인

나는 시를 쓴다 시인이 아니라서 나는 시만 쓴다
불쌍하도록 비겁해서 나는 시라도 써야 한다
아는 것이 모자라서 나는 시를 노래할 수 없다
시를 몰라서 사랑이란 걸 몰라서

그런데 가슴이 터질 것만 같다

난파선

마음은 눈이라는 호수 위에 떠 있는 조각배
눈은 마음을 담아 두는 보석함 그러면서도
물길을 내 그리로 조용히 마음을 흐르게 하는 길잡이

불어 스치는 것이 바람뿐인가 고여 머물지 못하고
흘러버리는 것이 물뿐인가 마음도 시선 따라
불어 스치고 흘러버리는 것 그래서 헤어지자
금새 웃을 수 있는 사람을 만나고
고무신을 돌려 신고 군화를 꺾어 신는 것

눈에서 멀어지면 맘에서도 멀어진다는 말도
시간도 약이 될 수 있는 이 애처로운 인생들에게
주어진 망각이란 선물 그러나 바다로 갇혀진
돌섬에서도 그럴 수 있을까

사람들로 둘러싸인 무인도에서 정말 그럴 수 있을까

복권

난생처음 복권을 사고는 일주일을 나도 설레이며 보냈다
집도 사고 차도 사고 지쳐있는 친구도 사고
잘 사는 사람처럼 따라서 사는 것도 사야지

그렇게 사고, 사고, 사면서 십 년 이십 년을 살면
다음엔 뭘 사며 살지 라고 물어도
그때에도 그저 꿈이어서 좋은

일주일치의 설레임을 살 수 있을까

배짱

사랑을 드리기보다 이것저것 해달라 하고

전능하신 하나님이라 부르기보다
그냥 아버지가 좋고

당신의 영광을 위해 믿기보다
나 살기 위해 믿으며

인간 같지 않아 손가락질 당해도 당신께서 무조건 내 편이면 다되고
만져져도 못 믿을 사람보다 보이지 않아도 든든하니 좋다

죽지 못해 사는 듯 하루를 살아도
하늘보고 웃으며 말한다
내 손 잡고 계신거죠 춤 추실래요 하는 마음처럼

이슬비

만지려 하면 뺨에 먼저와 닿는
가냘픈 숨길과 너의 입술

비야, 아이야, 못내 설레이여 부르면
봄인 듯 꽃인 듯 피어나와
향기처럼 체온처럼 번져오는
고운 너의 정서

하루가 지나 어스름 질 무렵 살포시 수줍게 찾아오는
너를
고즈넉이 홀로 맞으면 할 애기가 많아 따스한 이 저녁이
얼마나 행복한지 이슬비야!

낙지

죽어 꿈틀거리는 낙지를 보며 살아 있다는 것에 전율한다
숨쉬고 있어 살아 있다며 토막 토막 섬뜩하게
움직이는 낙지는 나와 무엇이 다른가

한 접시 술안주로 팔려 두 시간째 절망하고 있는
먼 바다의 피붙이여

겨울

하루 종일 안개 낀 하늘에 간혹 눈발이 날리고 그래서 먼 산은 더더욱 보이지 않았다 사랑하거나 미워할 것 없는 고흐의 먹판화 같은 일상으로부터

방에 기어 들어와 눕는다 그림자뿐인 짐승의 자궁 같다

사람은 무엇으로 사람임을 말하는가 또 무엇이 그것을 살게 하는가 기억 속에서만 꽃피는 계절 초점 없이 흐릿한 머릿속 저편 겨울 끝자락 그 어디

소리로 움직이는 비대한 부조浮彫 한숨처럼 인생은 아직도 모르겠는데

해는 벌써 졌는지 짧은 2월 토굴 같은 방엔 시계마저 죽어버렸다

효

옆집 아기의 자라는 모습 보며 웃는다

나도 저런 때가 있었을까?
아마 없었을 거다

내 부모에게 난 잔인한 새끼였다
지금도

윤동주의 쉽게 쓰여진 詩에 반(反)하여

유년에는 이 詩를 그냥 읽었다. 세월을 가늠할 때쯤부터 난

시를 쓰지 못한다

이렇게 삶은 나를 비웃는다

| 해설 |

슬픈 노래의 '조가'가 아닌 '축복의 애가(哀歌)'

— 박명용 시인의 시집 『가장 어렵게 쓰여진 詩』에 붙여

박재홍 | 시인 · 계간《문학마당》 발행인

『가장 어렵게 쓰여진 詩』는 박명용 시인의 첫 시집이다. 표제에 드러난 것처럼 윤동주를 좋아해 늘 암송하는 그의 애송시 ' 쉽게 쓰여진 시'에 반하여 선택한 표제라고 한다. 탈레스의 말처럼 세상에서 가장 어려운 일은 '자기 자신을 아는 것'이고, 가장 쉬운 일은 '다른 사람에게 충고하는 일'이라는 대답처럼 박명용 시인이 살아오는 동안에 시는 '가장 어렵게 쓰여진 시 즉 자신을 아는 것'이라면 가장 쉬운 일은 장애인 가족의 애환과 사회적 소외계층에 대한 '다른 사람의 충고하는 일'이라고 할 것이다.

『가장 어렵게 쓰여진 詩』 속에 들어앉은 詩의 비늘들

은 삭막한 세상에 버려진 장애인 가족들에 대한 질곡의 개인사를 뛰어 넘는 새로운 가능성의 화해를 생각하게 하는 반추의 미늘이 자리하고 있다. 아마 그것은 화성에 물이 존재한다는 것처럼 희박한 희망에 가까운 것이겠지만 어쨌든 세상을 향해 내어놓은 첫 작품 속에는 이러한 자의적 판단이 확고하다. 왜냐하면 인간의 본질은 '관계성'을 등한시 여길 수 없고 이 관계성은 말의 도움을 필요로 하기 때문에 말은 '도움'을 표현하는 수단으로 사용된다. 그래서 자칫 가벼울 수 있어 자기 자신의 실존의 무게가 실릴 필요가 있을 때 시의 제 기능이 살아나듯이 박명용 시인의 詩에 들어서기 전에 독자들은 '멈칫함'이 수반되어야 할 것이다.

'밤에는 슬피 우니 눈물이 뺨에 흐름이여 사랑하던 자들 중에 그에게 위로하는 자가 없고 친구들도 다 배반하여 원들이 되었도다' 예레미아 애가 한 구절처럼 박명용 시인의 시에는 진한 삶의 족적이 실경처럼 펼쳐진다.

돌 하나가 노을 속에서 자신의 그림자를 만들고 있다

거칠고 부드러운 면과 날카롭고 무딘 모서리
그리고 밝고 어두운 빛깔을 가진 돌이
오늘도 흙먼지를 뒤집어 쓴 채

땅 위에서 자신의 그림자를 만들고 있다

세상에서 유일한 존재임을 수없이 확인하면서
생명이 깨어날 그날까지
애써 놓인 자리를 피하려 하지 않으며
짙어가는 어둠 속에서
스스로의 그림자를 붙들고 있다
—「서 있는 돌」 전문

박명용 시인은 집으로 돌아가는 풍경이다. 활동보조도 없이 '자신과 휠체어'를 '돌' 즉 무생물로 표현했다. 스스로의 그림자를 만드는 바위처럼 보이는 '그림자놀이'처럼 보일지 모르나 비단 그것이 사회적 현상이기 이전에 살아온 족적의 힘든 여정을 반추하듯 오늘을 인정하는 긍정적 시선이 들어있다. 제천대성 손오공처럼 돌에서 깨고 나올 날을 기다리는 염원 같은 또 다른 그 무엇을 가리키고 있는 방향성을 드러낸다.

남들에게 다 있는 것은 없어도
무섭게 살아가는 뱀아
그래서 너는 차가운 피와
잔인한 독을 가졌구나
—「뱀」 전문

남들에게 다 있는 접근성과 운동성이 없는 신체적 결함을 딛고 서야 하는 것은 좋고 싫고 나쁘고 하는 선택이 없이 살아가야 하는 장애인의 처한 상황에서 충동보다는 차가운 피와 수용성에 대한 분노 같은 사회적 불온함을 잘 드러낸 시를 만날 수 있었다. 하지만 그렇다고 타협과 수용성에 대한 인식의 접점이 없는 것도 아니다. 그럼에도 불구하고 사회적 수용성이 충분한 여유와 아이러니를 보여주는 시도 있다.

설사가 나서 아무도 없어 방바닥을 헤매도
내가 살아갈 은혜가 된다면

오줌이 급해도 옷을 내리지 못해 그대로 싸면서
살아온 내게 주어진 은혜가 된다면

높지도 않은 계단 앞에서 힘없이 돌아서야 해도
내 등을 미는 바람에게서 은사가 있다면

내게 족하지 않은 것은 없다.
—「족하다」 전문

거리에서 '부양가족 의무제 폐지'를 주장하며 연대하고 사계절을 서울 광화문을 찾아 서로 투쟁하던 시인의 눈에 비친 현 사회적 모순과 제도적 장치는 불온한 것이었다.

> 이해할 수 없는 시를 읽으며 내가 사랑했던 것들을 생각해 본다.
>
> 돌, 새벽 달빛, 저녁놀, 장작 냄새, 춤추는 코스모스, 가을 그리고 바람
>
> 한때 나는 바람이고 싶었다 불꽃에 넋이 하얗게 날리는 연기처럼
>
> —「바람」 전문

제도는 그에게 있어서 '이해할 수 없는 시'였고, 사랑하는 가족과의 괴리감이 자리했습니다. '부양 의무제'는 돌, 새벽, 달빛, 저녁놀, 장작 냄새, 춤추는 코스모스, 가을 그리고 바람에 이르기까지 늦은 가을 들녘을 노을 속에 타오르던 연기처럼 인간으로서의 권리를 부정당하는 제도와 사회적 '턱' 앞에서 무력함을 느끼는 것이었는지도 모른다. 그래서 시인은 그의 시 「목련」에서 '너 때문에 봄이 온 것을 알겠구나, 내게 봄이 왔구나'라며 역설적 슬픔을 입술을 깨물 듯 시어를 통해 토로하고 있는 것이다.

'그의 지도자들은 꼴을 찾지 못한 사슴처럼 뒤쫓는 자 앞에서 힘없이 달아났도다' 라고 슬프게 반추하던 '예레미아 애가' 에서 '남은자' 들의 곱씹는 기억의 유적 같은 것인지도 모른다.

사람들은 내게 말하네 걸어도 걷는 값을 못하는
병신이 더 많다고 나는 스스로에게 물었다

나는 잘 보아서 장님이 아닌가? 나는 잘 들어서 귀머거리
가 아닌가?
나는 잘 말해서 벙어리가 아닌가?

잘 보면 그 값을 잘 들으면 그 값을 잘 말하면 그 값을
그 값을 치러야 하는데

나는 어디가서 이 값을 치러야 하는데

나는 어디가서 이 값을 치루고
병신 아닌 정상인이 되나
—「빚」 전문

「빚」은 형평성을 잃은 사회적 문제임에도 불구하고 자신의 「빚」으로 인식해야만 하는 불온한 사회에 스스로에

게 던지는 질문이 얼마나 참혹한 현실인지 인식하기가 이 시를 통하여 이해하기 어렵지 않다. 결국 박명용 시인은 '예레미아 애가'의 한구절 '나는 탄식이 많고 나의 마음이 병 들었나이다'라고 하나님을 향해 자복할 수밖에 없다.

시간이 흘러 먼 훗날 우리들의 가슴에도 진정한 봄이 찾아오게 되면
주님 당신께서 직접 하셨던 일 오늘을 기억하며
우리 이렇게 고백할 것입니다
―「월동」 부분

꿈인 듯 깨어난 아침에 나도 모르게 네 이름을 불렀다

깊은 한숨 베개 밑에 두고 무거운 몸을 일으켜 세우니

힘겨운 눈빛에 지친 내 모습을 먼지 낀

거울 앞에서 만났다
―「악몽」 전문

하늘이 되고 싶어, 하늘이 생명 없는 몸을 벗고
저 하늘의 푸름 속으로 또 다른

이름이 되어 날고 싶다
—「자살1」 부분

나는 나는 짐승이요 둘도 모자라 다리가 네 개
울어야 할 것에 울지 못하고
웃어야 할 것에 웃지 못하는
나는 짐승이요
—「자화상」 부분

숨만 쉬어도 온몸이 징그럽게 꿈틀거린다, 아! 꽃피는 계절은
정말 아름답구나 잠든 것도 흉측하다

먹는 모습마저 무섭다 그래도 눈물이 힘겨운 음지에 비쳐지는
달빛은 따스하구나

처음부터 이런 모습이길 원하지 않았다 세상에 눈떠보니
이런 모습이었다 아무도 다가오려 하지 않는
가시 돋친 꿈들이

그러나 나는 느낀다 내 속에서 펼쳐지는 이 세상을 아름답게 지으신

그분이 내안에 소중히 만들어 놓은 점박이 얼룩무늬 큰 날개를

—「점박이 얼룩무늬 가시 애벌레」 전문

찐덕찐덕한 여름 아스팔트 위에
질긴 놈의 휠체어 바퀴가
헐떡거린다

그래도 삶이라 굴러가기는 하는데
백차를 탄 순경이 말을
지껄이고 간다

"야 너 왜 자꾸 나와 돌아다녀"

다음에는 개새끼라 해 주어야겠다

—「하굣길에」 전문

위의 시들은 위정자들이 꼴을 찾지 못한 사슴처럼 뒤쫓는 자 앞에서 힘없이 달아난 형국이 분명하다. 지난 촛불시위와 새로운 정부의 시작을 보더라도 그렇지 않은가 하고 되물을 수밖에 없다. 이렇듯 시인은 자신의 환경적 요인에 대한 이해와 타협 관계성 그리고 그것을 극복하는 내면적 기도에 새로운 가능성의 문학적 접근을 이루

고 있는 것이 분명하다.

또한 타협을 요구하는 「진달래에게」에서 '내게 웃음 짓지 마라 다시는 나를 흔들리게 마라/ 삶 같지 않은 삶도 살아 보았다' 라고 들려준다. 「청혼」에서는 '벌레 같은 아이를 낳아도 좋습니다' 라고 고백합니다. 지극하게 당연한 이성에 대한 욕망이 장애에 대한 두려움을 잊고 고백한다. 사랑하고 싶다고, '그러나 이것도 삶이라 가끔은 나쁘지 않은 일도 있을 겁니다' 라며 끝맺음 한다. 시인이 말한 본능적 두려움이 미추의 표현에 작동한 오류 아님 사실적 인정을 통한 극복이 보이는 대목이라 하겠다. 그것을 잘 드러낸 시 「병」 '우리는 모두 처음부터 외로움이란 병원인자를/ 몸속 깊이 가지고 태어나/ 그 병에 시달리며 하루하루를 살고/ 그 병을 앓으며 긴 밤을 지새우기도 한다' 라고 고백한다.

시인의 시 「알」 '태어나면서 이미 다시 태어날 /운명을 갖고 태어났기에/남몰래 숨쉬는 가진 것 없는/ 따스한 체온의 몸뚱이가 되었다' 라고 말한다. 우리는 체온이 있기에 비로소 인간일 수 있는 극한의 단계가 있다. 박명용 시인은 몸은 있으나 다가설 수 없고 만지고 껴안을 수 없고 선택적 분류보다는 천형을 안고 사는 긍정적 영성이 새로운 알을 깨고 나오도록 돕고 있다. 그래서 시인은

「향기로운 휴식」에서 '죽음의 빛이 온 세상을 덮어도 서로가 서로에게 가까워질 수 있기에 /우리의 겨울은 참으로 행복할 겁니다 당신의 봄날이 그러했듯이'이라고 알려준다. 지금이 착시일 수 있다는 감각적 모듈자체를 돌이키도록 하는 반추의 기능이 있는 것이다.

나는 시를 쓴다 시인이 아니라서 나는 시만 쓴다
불상하도록 비겁해서 나는 시라도 써야 한다
아는 것이 모자라서 나는 시를 노래할 수 없다
시를 몰라서 사랑이란 걸 몰라서

그런데 가슴이 터질 것만 같다
—「시인」 전문

시의 기능은 '자신을 아는 것'입니다. 항상 온전함 속에 놓이기보다는 불온한 사회에 영향을 받는 그것도 장애인으로 사는 삶이 아프도록 드러난 고운 시이다. 그러다가 새로운 이상형을 만나 정착된 시인의 내성이 드러나는 시가 「배짱」이다.

당신의 영광을 위해 믿기보다
나 살기 위해 믿으며

인간 같지 않아 손가락질 당해도 당신께서 무조건 내 편이면 다되고

만져져도 못 믿을 사람보다 보이지 않아도 든든하니 좋다

죽지 못해 사는 듯 하루를 살아도

하늘보고 웃으며 말한다

내손잡고 계신거죠 춤 추실래요 하는 마음처럼

—「배짱」 부분

박명용 시인에게도 배짱이 생겼다. 그것은 그야말로 동성상응(同聲相應)과 성속일여(成俗一如)다.

죽어 꿈틀거리는 낙지를 보며 살아 있다는 것에 전율한다

숨쉬고 있어 살아 있다며 토막 토막 섬뜩하게

움직이는 낙지는 나와 무엇이 다른가

한 접시 술안주로 팔려 두 시간째 절망하고 있는

먼 바다의 피붙이여

—「낙지」 전문

연체동물 두족류의 오징어, 문어와 더불어 낙지는 낯이 익은 보양식이다. 시인은 한 접시의 술안주 낙지가 죽어 꿈틀거린다고 규정하며 촉수를 움직이는 것에 대한 섬

뜩함을 장애를 앓고 살고 있는 자신의 삶과 견주고 있다.

'한 접시 술안주로 팔려 두 시간째 절망하고 있는 먼 바다의 피붙이' 낙지를 통한 절창을 남기고 있다. 자신에게 주어진 천형이 훼손되었다고 극적인 표현을 스스럼없이 던지는 순간 이미 그는 장애를 극복했다는 객관적 사실화를 시를 통해 이끌어내고 있다. '먼 바다의 피붙이' 어쩌면 그것은 장애인이든 비장애인이든 결국은 피붙이임을 인정할 수밖에 없는 '오늘을 살고 있는 실천적 가치관'을 드러내고 있다.

> 유년에는 이 詩를 그냥 읽었다. 세월을 가늠 할 때쯤부터 난 시를 쓰지 못한다.
>
> 이렇게 삶은 나를 비웃는다.
>
> ―「윤동주의 쉽게 쓰여진 詩에 반(反)하여」 전문

이렇듯 박명용 시는 광야에서 부르던 질곡이 깃든 노래, 타인의 잘못을 지적하는 것이 쉽고 자신을 아는 일이 어려운 오늘날 우리의 눈이 대상을 온전하게 서로를 비추는 이해를 원하기 때문에 「가장 어렵게 쓰여진 詩」가 표제로 잘 어울린다. 박명용 시인이 앞으로 문학을 함에 있어 마치 스스로 하나님을 대신하는 자인 것처럼 생각하지 않는 계기가 첫 시집을 통하여 깨닫기를 바란다. 이것을 「앎」으로 새로운 알이 깨질 것이라 믿는다.

2017 장애인 창작집 발간지원 사업 선정 작품집

가장 어렵게 쓰여진 詩

1쇄 발행일 | 2017년 12월 28일

지은이 | 박명용
펴낸이 | 정화숙
펴낸곳 | 개미

출판등록 | 제313 - 2001 - 61호 1992. 2. 18
주소 | (04175) 서울시 마포구 마포대로 12, B-127호(마포동, 한신빌딩)
전화 | (02)704 - 2546
팩스 | (02)714 - 2365
E-mail | lily12140@hanmail.net

ISBN 978 - 89 - 94459 - 86 - 8 03810

값 10,000원

주최 | 대한민국 장애인 창작집필실
주관 | 장애인인식개선오늘(고유번호 305-80-25363. 대표 박재홍)
심사 | 발간지원 사업 심사위원회
후원 | 대전광역시, 대전문화재단, 갤러리예향 좋은친구들, 대전광역시버스운송사업조합, 드림장애인인권센터, (주)맥키스컴퍼니, 계간 문학마당, (주)삼진정밀, 대한민국창작집필실, 한국복제전송저작권협회, 한국장애인문화네트워크
문의 | (042)826-6042